Cuba es Poesía y Relatos

EDITORIAL HISPANA
ESTADOS UNIDOS DE AMÉRICA

ISBN-13: 979-8415620425

DEDICATORIA

Este libro es también dedicado a Cuba, en homenaje a su gente, su pueblo, su cultura, su talento y capacidad para salir adelante a pesar de las adversidades.

Editorial Hispana

AGRADECIMIENTOS

A Editorial Hispana por sus esfuerzos en la coordinación, edición, publicación de esta obra.

A cada uno de nuestros familiares presentes y en la distancia, a nuestros amigos que han estado ahí apoyándonos para que este anhelo de publicar nuestras ideas se convierta en una realidad.

Los Autores

RODOLFO AJA RUBIO

RODOLFO AJA RUBIO
BIOGRAFÍA

La Habana, Cuba, 22 de agosto de 1950. Profesor de la Enseñanza Elemental y media superior en la disciplina de Geografía.

Siempre tuve inquietud por la palabra escrita y tras mi jubilación comencé a escribir poesías.

Hace tres años he sido partícipe del quehacer de varios grupos poéticos y he tenido satisfacción de recibir diplomas, reconocimientos y difusión radial.

Cito Las Antologías:
VI Festival Internacional Arte Ahora.
Homenaje a Gustavo Adolfo Becquer.
Antología de Relato de Poesias para
Proteger la Naturaleza.

LA TRISTEZA NOS INVADIÓ

*Me fascinó hablar con aquella flor
a través de nuestras miradas
cada rase fue una perfecta sintonía,
aprendí que las flores las creó la naturaleza
para dar belleza, aromatizar el entorno
y alimentar con su néctar a las abejas,
aves e insectos.*

*El hombre transformó su esencia
y las convirtió en mensajeras mudas
clasificadas por sus colores
así su misión cambió y perjudicó a otras
especies.*

*Aquel clavel blanco, maravilloso y
encantado me dijo: soy la representación
de la pureza, la inocencia y el amor sincero
y aquel hermano rojo es el que mejor
refleja la admiración profunda y transmite
sentimientos de cariño y pasión
pero otros familiares no han sido tan
dichosos porque representan
las reacciones negativas
de la especie humana,*

*los han hecho aliados silenciosos
de ofensas y rechazos,
ellos son mis desgraciados hermanos
los claveles amarillos.
Y la tristeza nos invadió.*

CLAVEL DE HERMOSA FIGURA

Bajo la luz de la luna,
caminando entre tantas flores,
he visto muchos colores
y no me atrae ninguna.

Solita allá esta ella,
Irresistiblemente bella!!
Clavel de hermosa figura.

Su irradiar iluminó mi vida
que estuvo un poco pérdida
hasta que descubrí su dulce frescura.

CLAVEL BLANCO

*Mi vista quedó atrapada
en aquella anatomía
atractiva y sensual
de su blanca palidez.*

*Mujer de rostro hermoso
y preciosos ojazos verdes
debajo de los flequillos
de su rubia cabellera.*

*Ella amable y con dulzura
propios del amor de una mujer
su haz de luz lanzó
como un rayo ultra violeta
perforando y haciendo un ojal
en mi corazón donde me clavó
un precioso clavel blanco.*

JESÚS ÁLVAREZ PEDRAZA

JESÚS ÁLVAREZ PEDRAZA
BIOGRAFÍA

Nació en Calimete, Matanzas. Cuba, Julio 7 de 1952. Residente en Miami. Ha publicado en diversas antologías nacionales e internacionales.

Cuatro libros de su autoría: "YO SÉ QUE LA PIEDRA SUEÑA"; "BOSQUE DE VIDRIO"; "EL OTRO BOSQUE"; " CON LA CALIGRAFÍA DE LOS ÁRBOLES".
Todos disponibles en Amazon.

Entre sus méritos más sobresalientes, se destacan: Premios Círculo de Colegno (Italia).
Premio poesía peruana. Carta lírica (Miami).
Carmen Luisa Pinto, Publicaciones Entre líneas (Miami) entre otros.
Pertenece a la antología mundial POETAS DEL SIGLO XXI.

EN UN TREN DEL RECUERDO

Estas calles heridas de palomas
con silencios más grandes que los gritos,
son eternas nostalgias de granitos
desnudas por el tiempo y sus maromas.

Estas calles sin puntos y sin comas
ocultan caras de trenzados mitos
en los roncos diluvios infinitos
que nos ladran en todos los idiomas.

Y en la espera que el sol se me desborde
en estas calles donde el alma llueve,
de Serrat, voy fumando algún acorde

en los ojos cansados de esta nieve
donde suda la luz por cada borde
en un tren del recuerdo de las nueve.

EN LA PARED FALTA EL MUNDO

El triste reloj ha muerto.
¡Cuánta bulla en los despojos
se descuelga de los ojos
como buscando algún puerto!
Mares, mares. Un desierto
fosforece con la esfera
donde ya nadie lo espera,
ni las sombras amarillas
que perdieron las hebillas
desatando las hogueras.

La neblina funeral
sube por las telarañas.
Hoy conversan las arañas
con los labios del cristal.
Rompe la luna el hojal
de la tristura marchita,
y rumbo a un beso que grita
entre lo tibio y lo opaco,
peso otra sombra, la saco
cuando la luz resucita.

El triste reloj se apaga,
que apagarse no es su afán,
una avecilla de pan
cruza el filo de una daga.

El minutero divaga,
hace un tic tac vagabundo
en el aire trotamundo
que se le gastó la suerte.
¡Oh! péndulo de la muerte
en la pared falta el mundo.

EL TIEMPO PUEDE CAERSE

¿Que dónde está? No lo sé.
La oigo lejos, lejos, lejos,
enjuagando los espejos
con los ojos que yo amé.
Me ha buscado. La busqué.
Y en el centro de algún aro
que fue piel del beso caro
que nunca supo soñar,
con el ropaje del mar
la vi tallada en el faro.

La vi tallada en el faro
envuelta en pobre coral,
con un racimo de sal,
resaca de un desamparo.
Abro el ayer. Descascaro
la arena que en una hebilla
se hizo una sombra que brilla.
Y descascaro también
la balada del andén
que ya se puso amarilla.

Que ya se puso amarilla
del invierno la bufanda,
que el buque del sol desanda
la soledad de una silla.

No existe nadie en la quilla,
no existe nadie, no existe.

La turbia playa resiste
bajo la noche anaconda
para que salte más honda
la muerte, redondo chiste.

La muerte, redondo chiste
de un mar de fondo iracundo,
no es la madre de este mundo
aunque rime con alpiste.
Cruza el barco, el barco triste,
escribe en la luz que moja:
cuando esté la tarde roja
sin cuerdas para mecerse,
el tiempo puede caerse
y rodar como una hoja.

DOLORES CHANG

DOLORES CHANG
AUTOBIOGRAFÍA

Mi nombre es Dolores Chang. Soy oriunda de Cuba. Nací en la ciudad de Santiago de Cuba, de la provincia oriental, en marzo de 1948. Soy de clase media, de padre asiático, Francisco Chang, inscripto con ese nombre a su llegada a Cuba, y de madre cubana, Blanca Soto, ambos ya fallecidos. Soy la más pequeña de cinco hermanos, tres varones y dos hembras.

Soy universitaria, de profesión Licenciada en Cultura Física. Realicé mis estudios y los culminé en la Filial de Santiago de Cuba "Piti Fajardo", en donde me gradué como uno de los cinco mejores expedientes de mi año. Ejercí como profesora de la asignatura de Educación Física por 35 años, en los niveles primario y medio superior. Me jubilé en el año 2003 en el centro preuniversitario "Rafael María de Mendive", en dicha ciudad.

De estado civil divorciada. Vivo con mi hijo, su esposa y mis dos nietos, con los cuales, por Reunificación Familiar, llegué a los Estados Unidos en el 2016. Soy residente americana y vivo en Miami.

Sobre las letras puedo expresar que siempre me ha motivado el escribir y llevar hasta el papel mi forma de sentir y pensar. Me instruyo por mis propios medios en este aspecto, por lo que me considero una autodidacta.

A mi llegada me encontré con Facebook, y con ello la posibilidad de poder escribir, lo cual hice a través de mi perfil privado, y luego, en marzo de 2018 me decidí a exponer mis escritos en una página pública de la misma entidad y la titulé: "Mi Tiempo Eres Tú".

El escribir me tranquiliza y me permite analizar con una nueva óptica, los días a vivir. Sintiendo cuando no lo hago, como si me faltase algo. Me satisface mucho cuando las personas exponen sus criterios acerca de lo que experimentan al ver mis publicaciones. La motivación que tienen al visitar la página.

Me considero una persona solidaria, empática, generosa y honesta, con cuanta persona conozca y me trata.

Soy jovial y alegre. El amor, la familia y los amigos para mí constituyen el sentido de la vida.

Mis decisiones son por lo general muy estables y equilibradas. Así como mis expectativas en lograr alguna vez una oportunidad como esta de la Editorial, que me abriese las puertas de las letras.

CUBA, YO AMO A TU GENTE

Yo te amo.
Pero no te amo por ser un lugar,
o un espacio hermoso de tierra en una isla,
sino porque encierras en tus calles con cada paso
mío, mis andares
y todo lo que logré ser y disfrutar, bajo mi aire y
tus palmares.

Yo te amo.
Pero realmente amo a tu gente,
a esa que con su espontaneidad te dan su vida,
que con una franca sonrisa y carcajadas de
alegría,
te brindan su hospitalidad, su amor, su taza de
café y su osadía.

Yo te amo.
Pero no porque tengas un glorioso nombre
gestado por batallas preñadas, hace tiempo, en
tus maniguas.
Podrías tener el renombre más ridículo y la más
extraña fama.
Y seguir pensando yo, inclusive, que amo a tu
gente más que a mis entrañas y mi propia alma.

Yo te amo, Cuba,

pero mucho más a tus mujeres y hombres "de a pie", de mi Santiago,
que un día abrieron su pecho para darme una lección
de humildad, amor, gratitud, de fe y esperanzas.
¡Que para amarte a ti y sentir como cubana, solo creo que con eso basta!

EL AMOR ES...

El amor es
capaz de ayudarte a dar los primeros pasos,

de abrirte los caminos para que marques tus
huellas,

de hacerte entender sobre el respeto,

la comprensión y la tolerancia.

De enseñarte que no hay muchas verdades a
decir,

pero sí muchas a entender,

demostrar y alimentar.

El amor es

capaz de acomodar el tiempo y el espacio a
compartir.

Te levanta si caes y evita tu caída.

Te mantiene con tus logros

y tus expectativas.

Y tiene la virtud de sembrar ante tus ojos,

ese amor que evite tu enceguezcas y cambies,

al brillar el sol.

AMOR ENTRE COMILLAS Y PAUSAS

Hoy ya no amo en calma

sino entre mis comillas y tus pausas.

Mi avasallador yo interno, sale a destemplanza,

obligándome a cambiar mi estrategia y mi táctica,

como si fuese a librar una gran batalla

en este nuevo modo de amar,

para conservar tus novedosas medidas y talla

y mantener la sublime lasitud de la esperanza.

Por eso hoy te amo,

entre mis comillas y tus pausas,

en ese afán de juntar mi razón con tu tiempo,

mis expectativas con tus acontecimientos

creando así, nuevas combinaciones de matices y colores

capaces de exteriorizar nuestras propias ansias y temores, y que brille por siempre la luz de mi corazón

entre comillas y pausas.

*¡Déjate amar en esta reciente forma de tenerte y
estar contigo!*

*¡Déjame transitar por esa vía que me llevará a tu
sino!*

¡Déjame amarte bajo la quietud

de las tantas comillas y pausas,

*en donde crecen, fluyen y no la enloda cada
despertar*

de mi mente y mi esperanza!

*¡Déjate amar hoy, multiplicando de forma
infinita*

entre nosotros dos,

nuestras comillas y nuestras pausas!

LÁZARA NANCY DÍAZ

LÁZARA NANCY DÍAZ
BIOGRAFÍA

Lázara Nancy Díaz García. Cubana, de la provincia de Matanzas, residente en New York. Estados Unidos.

Ha publicado los siguientes títulos: Los poemarios: Donde nace un poema nada debe morir y Mano a mano en versos.
El pajarito cantor y Sueños de una abuela. Cuentos infantiles.

Ha **obtenido** premios en varios concursos de poesía.

Su poesía aparece en revistas dentro y fuera de su país de residencia.
También podemos encontrar sus poemas en más de 20 antologías de diferentes países.
Pertenece al movimiento POETAS DEL SIGLO XXI.

HASTA LOS MUSLOS DEL RÍO

Llueve la noche en mis senos
sus olores a jazmines.
¿Cuántos mojados jardines
de silencios, están llenos?
Se despiertan los venenos
aferrados al vacío,
y se desviste el rocío
cuando el sudor de la nube
en una caricia sube
hasta los muslos del río .

Hoy tenemos una cita
con alas en la cordura,
la playa de mi cintura
hace una ola que grita.
En un vaivén que se agita,
la humedad suspira breve
en el azul que se atreve
cuando al hundirse en mi boca
el horizonte le toca
las orillas donde llueve.

A OSHUN
(Caridad del Cobre)

Escucho un tambor rumbero
la sangre va calentando,
y una mulata bailando
se quita y pone un pañuelo.

Repica, repica el cuero.
Resuena, suena el tambor,
ya se mueven con sabor
los hombros de aquel santero.

Repica, repica el cuero
el paso que va marcando,
un hombre la está mirando
porque al compás del tambor
!la mulata sandunguera
deja al desnudo el pudor!

Nadie se queda sentado,
baila el Congo y el Orisha,
él se abre la camisa
el sudor ya lo sofoca,
canta, baila, gira, toca
el tambor con sabrosura,
ella dobla la cintura,
alza del suelo un acorde,

cruza el salón, casi al borde,
toma un pedazo de luz
y se persigna en la cruz
del santo de los amores.

Un abanico va abriendo
sus alas como palomas,
sobre el río de las lomas
Oshun ya viene bajando,
hay una vela alumbrando,
un girasol, una estera
y una mujer sandunguera
que la recibe bailando.

MI HABANA

Mi Habana se trenza el pelo,
el mar le besa la boca,
remienda el aire una roca
con un retazo de cielo.
Sacude la niebla el velo,
cuando en las noches te nombras.
¡Ay, mi Habana, cuántas sombras!
hacen voces en tus luces,
blancos, negros, andaluces
convergen en tus alfombras.

Convergen en tus alfombras
blancos, negros, andaluces
hacen voces en las luces,
¡Ay, mi Habana, cuántas sombras!
cuando en las noches te nombras
sacude la niebla el velo,
con un retazo de cielo
remienda el aire una roca
el mar le besa la boca,
mi Habana se trenza el pelo.

MAYO SIETE

Es mayo siete que ha vuelto.
Ha llovido en mis ventanas.
!Cómo le han salido canas
a la luz que se ha revuelto!
Hay un pan de niebla suelto,
hay de amor una estampida.
Cruza el tiempo. Yo dormida
voy navegando en la nave,
feliz de ser como un ave
con las alas de la vida.

Con las alas de la vida,
feliz de ser como un ave,
voy navegando en mi nave.
Cruza el tiempo. Yo dormida.
Hay de amor una estampida,
hay un pan de niebla suelto.
¡A la luz que se ha revuelto
¡cómo le han salido canas!
Ha llovido en mis ventanas.
Es mayo siete que ha vuelto.

MARY ESPINOSA PEÑA
(LA NOVIA DE CUBA)

MARY ESPINOSA PEÑA

(La Novia de Cuba)

BIOGRAFIA

Periodista, poetisa, cuentista y escritora cubana, residente en Estados Unidos de Norteamérica. Locutora y realizadora radial multipremiada en eventos nacionales e internacionales, Preside la Sección de Arte y Literatura del Círculo de Artistas e Intelectuales de Hispanoamérica y EEUU.

Como una de las principales voces de la poesía infantil fue incluida en la antología: Recado para Jonás (La Habana, Cuba: Editorial Gente Nueva, 2016). Ha publicado el libro: Mal Pensados: Cuentos Colora'os (Miami, FL, USA; Alexandria Library, 2016). Recientemente vio la luz el libro infantil Cucurrucucú pluma dorada (Miami, FL, EEUU; Editorial La Pereza, 2017).

Su obra está incluida en la Antología en homenaje a Ingleberto Salvador Robles Tello, Actuales Voces de la Poesía Hispanoamericana; (Argentina, Ediciones Literate 2017).

También su quehacer literario aparece en la Antología en homenaje a la Poeta Uruguaya, Alma del Campo, como una de las Actuales Voces de la Poesía

Hispanoamericana. Como una de las principales voces de la poesía erótica femenina está contemplada en la Antología digital "Punto G", del poeta y productor Ernesto Rodríguez Del Valle, incluida en la antología Los Mejores 100 Escritores de Iberoamérica y el Caribe, Editorial Hispana USA, 1918-1919.

Sus poemas y escritos se encuentran dispersos en diversos foros, sitios y grupos de la red, y en la revista literaria Auria editada en España.

PUNTO CUBANO

Que poder bello y profundo
tiene su ingenio, su mano,
para que el punto cubano
enamore a todo el mundo.

Le brota el verso fecundo
emitiendo pulsaciones.
Desde orientales regiones
con su juventud viajera,
va en su rima primavera,
árbol, bejuco y canciones.

QUIJOTE

Ser migrante no es un grito,
ni un afligido lamento,
es marcharse como el viento
por un camino infinito.

Regresar es lo bonito
al nido de tus amores,
volver a besar las flores
y las piedras del camino,
ser Quijote, peregrino,
un poeta sin temores.

LIRIO INMORTAL

*Soy tan fuerte
como las rocas que duermen
en la colina
y como ellas,
flexible y palpitante.*

*Sueño con la cima
refugiada entre
gigantes muñecos
de algodón.*

*Soy dominadora,
como el junco
que juega con la corriente bravía
empecinada en arrasarlo
pero no,
su ternura lo salva
de la furia y del caos.*

*Soy tan fuerte
que a nadie me enfrento...
vivo desde mi alma;
lirio inmortal,
hija del templo!*

MAITÉ GLARÍA

MARÍA TERESA GLARÍA
BIOGRAFÍA

Maite Glaría (María Teresa Glaría) nació en Ciego de Ávila, Cuba, el 23 de septiembre de 1952. Estudió Licenciatura en Educación en las especialidades de Literatura y Español en la Universidad José Martí de Camagüey, Cuba. Fue profesora de Secundaria Básica, Preuniversitario y Educación de Adultos durante más de 20 años en su país. Se diplomó además, en Comunicación Social, Gerencia Empresarial, Marketing, Relaciones Públicas y Publicidad.

Vivió y trabajó en México durante varios años como correctora, editora y comunicadora, y colaboró en diversos proyectos de divulgación científica y cultural. Es miembro de la Sociedad Mexicana para la Divulgación de la Ciencia y la Técnica (SOMEDICyT).

Es poeta y narradora, y ha combinado siempre su labor docente y de comunicación con su quehacer literario. Su pasión por la poesía ha sido una parte inseparable de su vida. Ha publicado dos poemarios: Amazona de fuego y El ala trunca, que presentó en Los Ángeles, California en dos ocasiones. Participó como presentadora de libros en español en el Festival del Libro de Los Ángeles Times de 2016 y en el 2018 fue invitada al Festival del Libro de Los Ángeles Times 2018, para presentar sus poemarios. Tiene también otros dos inéditos.

Ahora está jubilada pero sigue escribiendo y colabora con poemas, narraciones y artículos culturales en revistas. Tiene tres hijas y dos nietos, razones esenciales de su existencia. Actualmente reside en Estados Unidos.

DESAMOR

Abraza mi impotencia, mi soledad,
mis ganas,
hunde tu espada infiel en mis costillas,
incendia con tu verso indecoroso
mi impudicia febril,
mis viejas ansias,
para que pueda ver mejor las cosas vivas.
El dolor te hace fuerte
-dicen ellos-
porque no han sentido en realidad tus garras.
Son de acero, violentas,
tormentosas
y me colman de hiel nunca sanada.
Inflama mis temores,
mis locuras,
hazme viajar al centro de tu sombra,
para que pueda sucumbir hecha pedazos,
clamando, pese a todo,
la esperanza.

(Del poemario El ala trunca)

PRELUDIO

Anochece y yo presiento,
desde el hueco profundo de mi soledad
callada
el abrazo que está por llegar,
rompiendo mis cuerdas y anticipando un
beso,
el temblor de una mano
y la casi olvidada caricia de otro ser humano.
Cual hábil sabueso buscará en mis ojos
la oscura y secular raíz de mis antojos.
Un suspiro ignoto calará bien hondo,
estallando en mis huesos hasta llegar al
fondo.
Amanece y yo presiento,
desde el más profundo espacio del deseo,
que en frías madrugadas he de sentir de
nuevo
el cálido aliento de otro en mi almohada,
dejando sus huellas, su humedad y su alma
en el rincón más triste de mi solitaria
angustia
que está en el lado oeste de mi cama.
(Del poemario El ala trunca)

UNA MUJER

Una mujer copula con las sombras.
Una mujer de noches, de mitos y nostalgias.
Una mujer desnuda ante la luna tibia
en la intranquila soledad que la desata.
Una mujer se acuesta sola y desolada
y se levanta nueva, serena y solitaria.
¡Qué misterio esa mujer que funde
su carne en el dolor y la esperanza!
¡Fruta madura, ardiente y generosa!
Una mujer encuentra la mañana
escondida entre las redes de su encanto.
Una mujer desciende la quebrada
vestida solo con el verde de la grama.
Esa mujer que sueña, temeraria,
con amores profundos y profanos,
esa mujer tiende su mano enamorada
y deshoja misterios y añoranzas.
Esa mujer fecunda, intensa, desangrada,
escribe coplas de agonía y puede
confesar secretos remembranzas
muriendo en cada estrofa, alucinada.
Una mujer copula con las sombras
y trae un sol en sus entrañas.
(Del poemario Al este de mi piel, inédito)

ODALYS GÓNGORA QUEVEDO

ODALYS GÓNGORA QUEVEDO
BIOGRAFÍA

Odalys Góngora Quevedo, nació el 10 de septiembre de 1972 en la provincia de Holguín, Cuba.

Realizó su bachillerato en el Instituto pre-universitario Enrique José Varona de dicha ciudad (1990). Posteriormente se gradúa en la educación técnica y profesional en la especialidad de prótesis estomatológica en Instituto Politécnico Superior: Aridez Estévez Sánchez (1993). Recibiendo la condecoración de Estudiante Integral y la mejor graduada del año.

Recibió otros cursos auspiciados por la Asociación Cubana de Comunicadores Sociales (2003) tales como: Relaciones Públicas, Negociación, Administración y Marketing Operacional, Comunicación Interpersonal, así como Operadora de Microcomputadoras, en el Centro Nacional de Superación y Adiestramiento en Informática (2003).

Actualmente pertenece al taller literario asesorado por el prestigioso escritor Moisés Mayán Fernández y al Café Literario conducido por el escritor Manuel García Verdecia en la UNEAC de Holguín.

SECRETO

Si supiera el mundo quién habita en mi alma.
Si algún día delataran a quién escondo en mi
pecho, les diría inquietante: ¡No perturben
mis
ansias!
dejen en paz que recuerde el sabor de sus
besos.

Si pudiera la noche convertirse en el día,
o la tierra pudiera remontarse en el cielo.
Rogaría al Eterno que me escuche de veras
y un cordón impetrara para amarrar el
tiempo.

Si lograra, amor mío, el volver a abrazarte.
Si un minuto pudiera respirar de tu aliento,
un fogoso suspiro sentirías al amarme
y una lágrima muda te diría que te quiero.

TU MUNDO

Quiero entrar a tu mundo, a ese espacio que añoro, en el que un día soñé haber vivido, no sé
si en Déjà vu o de algún modo formé parte de él.

Quiero acceder a tu mundo, que aunque con barreras me permita mirar más allá de sus ascuas y del arco iris que atrae la esperanza.

Me inquieta saber cuáles panoramas tus profundos ojos miran y observar a lo lejos tu firme andar en las calles despobladas.

Permíteme irrumpir a ese, tu gran universo e intenta hacerme parte de él o simplemente iguálame a una de sus más insignificantes estrellas.
¡Déjame pasar, no sobra el tiempo!

¿QUÉ QUEDARÁ DESPUÉS?

¿Qué pasará después del día en que te bese?
¿Qué quedará detrás, después de aquel
silencio?
Tú sentirás dolor al ver temblar mis labios
llorando de emoción, mirándonos de frente.

Yo te daré mi luz, sabiendo que anochece.
Te entregaré mi voz, pasión y mi delirio.
Haremos el amor aguardando la aurora
y aprisionando al sol para que no regreses.

ODALYS LEYVA ROSABAL

ODALYS LEYVA ROSABAL
BIOGRAFÍA

Odalys Leyva Rosabal: Máster en Ciencias. Lic. en Estudios Socioculturales. Miembro de la Unión nacional de escritores y artistas de Cuba. Presidenta del grupo internacional «Décima al filo». Ha publicado en Cuba los libros: Meditación del cuerpo (2005) y Diálogo sagrado de las vírgenes (2008) por editorial Ácana de Camagüey; Convicta de la gloria (Ediciones Holguín, 2007), y por la editorial San Lope de las Tunas: Ciudad para Giselle (2005), Los Césares perdidos (2009), El Apocalipsis no niega las palomas (2014), Fantasmas Insulares (2014) y Crónicas naturales (2014). Así como Cuatro voces y un concierto, Ediciones Proyectarte, México,2012.El Frente de Afirmación Hispanista de México ha publicado sus libros: Antología Oral Traumática y Comisca en las décimas de Odalys Leyva(2005), Crónicas de las pirámides del fuego (2006), Presagio que intimida las raíces (2006), Pacanda (2008), Antología de la poesía erótica de Odalys Leyva, (2009), Controversia y aplomo, (2010) en coautoría con la escritora española Isabel Diez; Los Guevos de Machu Picho, teatro malárico y otras representaciones, (2010), Sonetos a la Buena Muerte (2011) y Antología de Sonetos O- T. (2012). En

España Controversia y Aplomo, Editorial Creación en San Lorenzo de El Escorial, Madrid, España (2014) y Parnaso de la Glosa Cubana, Ediciones Endymion, Madrid, 2019; Publicó en Estados Unidos los poemarios Presagio que intimida las raíces, Carta Lirica, Miami, 2006 y Fundiendo sus voluntades (glosas a Naborí a través del tiempo), Edición de Carta Lírica, Miami, Estados Unidos, (2013).

LOS CÉSARES PERDIDOS

*Este poema pertenece a mi libro publicado «Los césares perdidos»,
que obtuvo el premio Iberoamericano Cucalambé, de Cuba. Está
escrito en décimas octosílabas y endecasílabas.*
César tuvo también amores con reinas, entre otras
con Eunoè, esposa de Bagud, rey de Mauritania,…;
pero a la que más amó fue a Cleopatra, con la que
frecuentemente prolongó festines hasta la nueva aurora.
Suetonio

Porque he llorado al César, si me vieses
en mi difícil traje de ermitaña,
la soledad en mí no es cosa extraña
aunque el fuego desnuda mis reveses.
¿Dónde guardo el calor que largos meses
disfrutara mi cuerpo lisonjero?

¿Adónde ha de partir mi desespero?
Ave César, desata tu lujuria.
Que mi cuerpo se funda en la penuria
como el magma en volcánico aguacero.
II
Me perturba tu indómito ostracismo
(mi remedio es oculta paradoja).
Si no valgo ante ti, si soy la floja
mordedura, si el trono no es el mismo…
¿por qué voy a rendir a tu egoísmo
una lágrima más?

Tu ciencia fría
se resume en vulgar paleografía,
mientras yo, de tu inútil parquedad
construyo lentamente una ciudad
sin la praxis de tu filosofía.

III
Será la piromancia tu obituario
cuando el cuerpo su llanto ya no calme
pero serán mis lágrimas la oxalme
que guardará tu grito reaccionario.
Roma tendrá en secreto el relicario
de aquel dolor pasado, ya neolítico.
Tu recuerdo caerá sobre lo mítico
de mi propia leyenda sin fisuras.
Será un placer cargar mis helgaduras
con tu obsoleto salmo de amor crítico.

IV
Qué absurda la marioneta
que en las noches sin relente
echó su savia elocuente
en mi paciencia discreta.
Fui rehén, la fácil treta
quedó escondida en mi espejo
(alguien frunce el entrecejo
cuando, en pequeña venganza,
pongo infiel en la balanza

el rostro del que me alejo).
V
¿Por qué mi ropa raída,
si los dulces manantiales
que conservo son iguales
al agua de mi partida?
¿Por qué la herida? ¿Mi herida
no acaba en el Coliseo?
¿Quién soy?¿Quién soy si ya veo,
como Ariadna, roto el hilo?
Soy Penélope y vigilo
el retorno de Odiseo.

VI
César, ¿sabes qué presagio
se hunde en mis carnes? Traición
purgada en la salvación
es mi suplicante adagio.
Roma no sabe el naufragio
que en tus paredes se oculta.

César, el placer sepulta
las piedras de mi paciencia
porque en mí estalló la urgencia
de un abandono que insulta.

¿Temes a la maldición,
al acoso de una brújula
que te guía hacia mi esdrújula
y noctámbula pasión?
¡No soy la superstición
que huyendo del espectáculo
echa flor en el umbráculo
ciego, de una luz proterva!
César, la dama y la cuerva
se redimen ante el báculo.

VII

Porque en Roma no ha llovido
al fragor de la costumbre,
es que padezco esta herrumbre
con fantasmas del olvido.
¡Qué terrible es el descuido!
Al final solo hay el muro
de un hospicio donde abjuro
de todo…
      Que nada importe
cuando he perdido en el norte
de otro cuerpo mi futuro.

ENRIQUE MEITÍN

ENRIQUE MEITÍN

BIOGRAFÍA

10 de noviembre 1943, Habana Vieja, CUBA

Reside actualmente en Georgia, USA Escritor, Historiador y periodista.

1995 Master en Relaciones Internacionales; Fundación Latinoamericana de Ciencias Sociales (FLACSO); República Dominicana.

1974 Licenciado en Historia y Periodismo; Universidad de la Habana, Cuba.

- Actividades y Premios

2021 Incluido entre los 100 mejores escritores de Iberoamérica y el Caribe 2020-2021 Por Editora Hispana USA

2020 Distinción CONTRIBUCION A LA CULTURA Y EL ARTE Ciudad De Miami.

2020 Nominación como ACADEMICO DE NUMERO, de la Academia Científica y de Cultura Iberoamericana.

2019 Nominación al Premio Nacional de Literatura en Español Ernest Hemingway.

2019 Seleccionado en el Certamen literario AQUELLA NOCHE; Letras con arte; España 2019 ("Nunca más volvera a ser niña"/cuento corto publicado en su antologia)

2019 Seleccionado en el Certamen literario SUCEDIO EN VERANO; Letras con arte; España 2019 ("Mi feliz verano"/relato publicado en su antologia)

2019 Seleccionado en el Certamen literario HISTORIAS DE AMOR O DESAMOR Letras con arte; España 2019 ("Algo muy Especial"/cuento corto publicado en su antologia).

2019 PREMIO "ELSA AWAR 2018".Trofeo al Mejor escritor del año; Miami, Fl.

2019 MENCION ESPECIAL "REYES DE LA TERTULIA BOLIVIA 2019"; "Club Literario" Versos desde el Pilcomayo; Bolivia, 2019

2015 Micro relato seleccionado en el II Concurso de Micro relatos, "La Primavera: La sangre altera", España 2015. ("Un Día de Primavera")

2015 Micro relato seleccionado en el III Concurso de Micro Relatos de Temática Libre "Pluma, Tinta y Papel", España 2015. ("La autosuficiente")

2014 PREMIO LIMA CLARA INTERNACIONAL DE ENSAYO; Buenos Aires, Argentina, ("Mi nunca olvidada Habana Vieja)

2014 SEGUNDO LUGAR en la Categoría "Verso Filosófico" Concurso FIESTA DEL AMOR/SAN VALENTIN 2014, de la Unión Hispano Mundial de Escritores. (poema/"Cualidades a tomar de tí")

1996 Reconocimiento por su labor al frente de colectivo de autores, Centro de Estudios sobre Estados Unidos (CESEU) de la Universidad de La Habana, Cuba.

1995 PREMIO EN LITERATURA Concurso Nacional 13 de Marzo, La Habana, Cuba.

1994 PREMIO DE CARÁCTER POLITICO-HISTORICO por su Proyecto de Investigación, Universidad de La Habana, Cuba.

1993 PREMIO ESPECIAL DE CRÍTICA Sobre Técnica Periodística y crítica Literaria, Unión de Periodistas y Escritores de Cuba (UPEC) La Habana, Cuba.

1992 Reconocimiento por su labor al frente de la publicación "Boletín-USA" del Centro de Estudios sobre Estados Unidos (CESEU). Universidad de La Habana, Cuba.

1990 MENCION ESPECIAL (Investigación Histórica) Concurso Fundación Omar Torrijos, Ciudad de Panamá, Panamá.

1985 MENCION ARTICULO, Concurso Nacional 13 de Marzo, La Habana, Cuba.

1982 PREMIO ESPECIAL Por la obra literaria durante 1981 al ganar dos concursos nacionales, La Habana, Cuba.

1981 PREMIO ENSAYO Concurso Nacional del Períodico Trabajadores y la Central de Trabajadores de Cuba (CTC), La Habana Cuba.("La FSM su incesante lucha por la unidad")

1981 PRIMER PREMIO INVESTIGACION HISTORICA. Concurso Nacional "26 de Julio", La Habana Cuba. ("El sindicalismo Libre en América Latina: Un engendro de la CIA")

1980 MENCION INVESTIGACION HISTORICA. Concurso Nacional "26 de Julio", La Habana Cuba. ("Mecanismos de control de EEUU en América Latina")

1978 MENCION INVESTIGACION HISTORICA. Concurso Nacional "26 de Julio", La Habana Cuba. ("La situación azucarera y su efecto sobre los ferrocarriles orientales de Cuba entre 1914 y 1929")

NAVIDAD

Mirando al cielo, una hermosa
y brillante estrella vi pasar.
Igual a la de Belén tal vez,
dos mil o un poco más años atrás,
anuncia la Navidad.

Vino a la Tierra el hijo de Dios,
a los humanos a amar.
Su verbo y ejemplo trascienden
por siempre jamás

Hoy amigos y familiares
entre abrazos, regalos y bromas
celebran la Navidad.
Pero todo no es alegría y felicidad

Veo en ellos también tristeza,
nostalgia y añoranzas,
por los que con ellos no están,
o los que no viven en libertad.

Miro otra vez al cielo. Sé que regresará.
Y con su regreso el mundo amor, paz
y libertad nuevamente tendrá.
Sueño despierto,
mientras celebro la Navidad

MI PADRE

Aunque no había pasado del sexto grado, poseía una mente despierta y un doctorado en cuanto a relaciones humanas, era un sociólogo nato, tal vez fruto de la observación y de enfrentar la cotidianidad con seguridad y esfuerzo. Conseguía narrar con agrado y lujo de detalles el más mínimo hecho. Los sucesos reales los convertía en una animosa anécdota llena de emoción y risas. Eso sí, hablaba muy alto y trababa confianza con todo aquel que conocía e incluso a veces con los que no conocía. Decía palabrotas, contaba bromas subidas de tono, cantaba tangos, y lo hacía bastante bien, ocasionalmente se inclinaba por los tragos, y prefería el whisky en vez de la cerveza o el ron.

Sin embargo en sus relaciones conmigo y mis hermanos, siempre demostró ser gran amigo y compartió todas nuestras inquietudes. Sin ser un predicador nos inculcó con su ejemplo, el no ser ajeno a los problemas de los demás, y sobre todo a imponernos ante el egoísmo de los demás, utilizando sobre todo el sacrificio... a buscar en cada persona, lo mejor de ellos. Fue él fue quien nos enseñó a esperar el nuevo amanecer para saludarlo con una sonrisa, para después levantarnos con el firme propósito de seguir adelante; a ser agradecido por lo que pasaba cada día, y sobre todo a creer que podíamos ser cualquier cosa que quisiéramos, siempre que nos esforzáramos por lograrlo... en fin era el mejor padre del mundo.

EL MAR

Habían trascurrido ya las primeras horas de la travesía y rebasado el límite de las aguas territoriales cubanas cuando quedamos a la deriva, a merced de lo que podía acontecer. Si bien la sed, el hambre, la fatiga y la sensación quemante de la terrible y continua insolación provocada por el sol caribeño, la olvidé con el tiempo, la fatídica escena del cadáver mutilado de mi amigo colgando de ambos lados de las fauces del tiburón, nunca podrá borrarse de mi mente.

... No sé cómo pudo caerse al agua... no podíamos verlo, salvo las olas ocasionadas por las brazadas de este, tratando de regresar a la embarcación que se alejaba poco a poco, entonces impulsada por el viento. Uno de la tripulación señaló con el dedo índice una especie de mancha plateada que describía un lento círculo en torno al lugar donde creíamos ubicar al caído al mar.

La aleta de un enorme tiburón, asomó desafiante a su derecha, que se movía velozmente, abriendo y cerrando su boca, en dirección al hombre, quien buscaba la embarcación nadando a toda prisa. En su continuo y desesperado pataleo emitía ciertas señales que eran percibidas por el depredador.

---¡Oye! Trata de no moverte..., el no ve bien, se orienta por el chapoteo que produces.

Gritabamos, tratando de calmar al desesperado, mientras éste sin escuchar nuestro reclamo continuaba nadando en dirección a la embarcación, hasta que se detuvo, lo cual hizo que el tiburón perdiese las señales emitidas por el nadador. De imediato giró su cabeza de recuperarlas. El hombre en su desespero por alcanzar la embarcación, fatalmente reanudó sus movimientos, emitiendo nuevas señales, que de inmediato fueron captadas por el escualo.

---¡Apúrate carajo! ¡Sube! Recuerdo que le grité desaforadamente.

El tiburón impulsándose hacia arriba se lanzó en busca de su presa, emergiendo entre un chorro de agua, a la par que abría su mandíbula y la cerraba de un sólo golpe, para engullir piernas, tronco y brazos del infortunado. De hecho, no tuvo tiempo de gritar, incluso si lo hubiera tenido, no hubiera sabido que gritar. La última cosa que sin dudas vio antes de morir fue como el tiburón lo contemplaba a través de una cortina formada con su propia sangre, y de testigo de la tragedia: el mar.

YUDELXIS ORTEGA VIAMONTES

YUDELXIS ORTEGA VIAMONTES

BIOGRAFÍA

Nació en la Cuidad de Camagüey, Cuba
El 21 de Enero de 1974. De profesión Contadora
Creció en el seno familiar de sus abuelos, a ellos
agradece esa inclinación por la poesía, desde muy
joven escribía, leía a Miguel Hernández y Carilda
Oliver Labra, a raíz del encierro por la pandemia del
covid, decide publicar sus letras.

DONDE VERDADERAMENTE EXISTO

*No me busques en los tiempos de delirios
en las falsas rutinas o en las huellas del
camino,
en la danza del aire que mece mis
sentimientos
o sobre la inevitable línea que traspasa el
deseo y el fuego.*

*Búscame,
en las lágrimas de un niño que ha quedado en
desamparo
en las mesas servidas de hambre,
en esos fuegos cruzados
en aquel con grilletes esclavizado.*

*Encuéntrame,
en ese verso atrincherado
cuando levanto mi pluma y esgrimo la
palabra,
cuando me visto de tribuna y estallan las
letras de mi alma.*

*Búscame,
en las voces que proclaman libertades
en aquel que tiende su mano al hermano,
donde habita el amor*

y se edifica la paz...
que tanto anhelamos.

QUE NADA QUEDE DE MI CUANDO TE VAYAS

Anclada a los tintos caudales de la noche
acampas insolente en mis campos de batalla,
mientras te espero en mi trinchera,
cuando toca la lucha y mis labios suicidas te
llaman.

Quiero que seas mi enemigo y me sorprendas,
y temerario ante mis dudas me hagas hembra
entre tus dedos,
descubriendo la sabía de mis entrañas
que conducen al deseo.

Todo se transforma en magia tras la lucha
cuando escuchas mis gemidos desmedidos
al tatuar tu cuello adolorido
con mis dientes que escriben la derrota.

Rompes las tormentas de mi tierra,
haces de mi lecho un escenario
al encenderse mis senos
con el candente rocío de tus labios.

75

Nos devoramos avasallando la aurora
al ritmo de mi danza y mi voz que te provoca,
con las últimas notas de mis gemidos
al entregarme al festín de tus sentidos.

Que nada quede de mi cuando te vayas...
¡Y se halla deshecho el mar bajo mis ropas!

CUANDO ME TENGAS Y YO AL FIN PUEDA TENERTE

Quiero embriagarme con tus besos,
con tu atardecer de fuego y el murmullo de
mis rezos acariciar el intento de traerte hacia
mi boca mientras me hago primavera o
manantial que te evoca.

Quiero partirme en tu universo
y volver a tus instantes,
a tu silencio amante, a las murallas de tu
carne
quiero ser la ola que se rompe entre tus
rocas
cuando tu boca infinita se vuelva injusta y
pecadora,
cuando desnuda te extrañe en mi horizonte
errante y galope sobre tus llanos,
pérdida e inacabable.

Quiero sentirte mío y de tus montes la
espesura,
sin muros ni cadenas

*sin distancias ni barreras
sin la verdad hiriente de estas horas
irreverentes
cuando el sueño de vivirte se haga lluvia en
mis praderas.
Y llegues a mis caminos
rebelde y peregrino
mientras el alba nos vista de presente,
cuando me tengas y yo...
¡Al fin pueda tenerte!.*

AÍDA RODRÍGUEZ

AÍDA RODRÍGUEZ
BIOGRAFÍA

Poetisa.

Vive en Louisville Kentucky (USA)

Tiene Publicadas dos Antologías

Una Historia Por Una Sonrisa (Chile)

Mi Madre Es Una Rosa (Editorial Hispana USA)

Su primer libro publicado

Una Nueva Forma De Amar por la Editorial Hispana (USA)

Ha recibido reconocimiento en eventos virtuales en Grupos de Facebook

Fue otorgado el premio Mujer Poesía por parte del Taller Literario José Martí de Kentucky del cual es miembro

Obtuvo el primer lugar en presentación de un poema en los Juegos florales en la comunidad

Sus poemas se difunden en dos radios

Laboardilla (Sevilla España)

Satélite Visión (Chile)

En sus poemas ella logra atraer a sus lectores por su lenguaje delicado y sensual con un lirismo erótico acercándose con intensidad y la calidez de un amor que va haciendo entrega entrelazando esencias y alma haciendo al lector parte, cómplice y testigo de sus letras.

DISEÑO DIVINO

Es fácil llamarte mujer,
para algunos es efímero,
porque le resulta incomprensible tu valor.
Eres reconocida y amada por muchos,
aunque la desilusión golpee tu alma,
resultas vencedora.
En tu rostro se refleja valentía,
en tu mirada firmeza y fuerza en tu alma
te trazas metas y haces caminos,
con la magia de tu espíritu,
insistir y resistir hasta alcanzar el objetivo.
Del abandono te recuperas con una sonrisa,
demostrándole al que te pierde,
que después te necesitará,
porque sabes amar.
Solo los que no están dotados con sabiduría,
no pueden ver que eres una semilla,
que dentro guardas una bella flor.
Eres pura creatividad,
eres un diseño divino.

ANSIADO TERRUÑO

*El poeta que llevas dentro
alimentado es por noches
donde la luna despierta
las ansias dormidas
y en avalancha te asaltan los recuerdos*

*Para el poeta escuela mejor no hay
que salir al camino
aventurándose al mundo conocer
nostalgia que te devora
cuando tus hábitos
y el olor del naranjo en flor
atrás tienes que dejar*

*Nutriendo de realidad
la infinitud de tu mente
cuando a tu pensamiento acuden
como esculpidas
las queridas imágenes
Convirtiéndonos en tiempo y parte
del silencio y la distancia
de un sueño que aun
con los ojos abiertos te niegas a despertar*

*Quedando como única opción
tomar papel y lápiz para el alma desahogar*

por la añoranza de familia y amigos
que atrás tuvieron que quedar
por el sol , las palmeras y las playas
donde en su arena a reposar ibas

Es cuando conversar con la luna
se te presenta como conformidad
de conexión entre tu alma
y tu ansiado terruño.

UN PUENTE DE AMISTAD

De adoquines fueron las calles
que recorrí en mi infancia
recuerdos felices guardados en mi mente
donde se han dibujado los años
cuál pintura en el tiempo
andares en los puños encerrados

Hermosas vivencias repletas de otoños
adornadas de colores primaverales
con nevados cristales de ventanas
desde donde se contemplaba el frío invernal
y una pertinaz llovizna
limpiando el polvoriento camino

Hasta donde alcanza la vista
allá en el horizonte
ese mar que vidas ha cobrado
por un sueño querer cumplir
quedando como testigo las olas
que regresan en su espuma
el peso de sus anhelos
hasta su orilla
agitándose en una brisa mortal
el silencio y la tristeza
cuál fantasma en las sombras
de una noche eterna

Cuanta necesidad de sonrisas
y latidos de alegrías
somos recuerdos
donde guardadas
van las memorias
de muerte y desunión
donde siempre se ha deseado
un puente de amistad.

ERNESTO R. DEL VALLE

ERNESTO R. DEL VALLE
BIOGRAFÍA

Ernesto R. del Valle. Cuba
Profesor de Español y Educación Artística.
Premios literarios otorgados en Cuba.
Premios y menciones otorgados en Miami en concursos de poesía y narrativa.
Primer Premio de Relatos cortos Miami 2010.
Primer Premio Poesía Mi Habana viste lo mejor 2013.
Premio Solidaridad. Cuba, Instituto Cubano de Amistad con los Pueblos (ICAP) 2017.
Para leer más de este autor dirigirse a
https://www.ecured.cu/Ernesto_Rodríguez_del_Valle

Ha publicado los siguientes libros:
Duendería
Aquellos Niños que Somos
Alas y Trinos
Entre otros libros y antologías a nivel local e internacional con Editorial Hispana USA.

FAMILIAR

No tuve la suerte de conocer a mis abuelos.
Se apuraron demasiado a esconderse tras las
sombras.
Y madre y padre, pasaron al recuerdo;
hoy son todos, sólo historias, fotos, palabras,
y un latir de luces amorosas en el pecho.
Al igual que mis hermanos Neno, Roger,
y Danilo,
los tres caídos ya, resueltos a ser polvo.
Están mis hermanos Gilbert y Oreste,
está mi hermana Eida,
la única flor cuyo aroma
me fluye suavemente por las venas.
Tengo mi esposa, viva, inmensa,
dulce compañera que espero no defraudar
muriéndome temprano.
Están mis hijos, latentes,
fluyendo por mi sangre cada día,
pulsando mi vida minuto tras minuto.
Están Li, Legna, Lisa, Eni y José Antonio,
los hijos de mis hijos,
pequeños herederos de mi trono espiritual y
humano
(por tanto)
el doble amor de mi feliz estancia en el

planeta.

*Están mis primos y mis primas, mis tíos y mis
tías, velándome los actos
y está la madre de mis hijos,
con su discreta soledad sobre los hombros
y su terrible angustia por no haber aprendido
a comprenderme en tanto años.*

De **Palabras que ya he dicho** *(Inédito)*

VENCEDOR DEL SILENCIO (Glosa)
Para Lucio Estévez In memoriam.

Yo sé que el Hombre es un rumbo que se instala".
Poema ISLA. Rolando Escardó. Cuba.

Llegó de fuego y polvo. Se instaló en el planeta
No tenía certeza de su fuerza y su mente.
Visitó las cavernas buscándose vehemente
en versos y la llama de la flor del poeta.

Vencedor del silencio y el colmillo del hambre.
bordaba el horizonte total de su estatura.
Fue mago en la sorpresa, sutil en la cordura.
Lo llamaban Rolando en sus sueños de estambre.

Estrenando la risa con viejos carboneros.
comió del negro pan en cenagales fieros
paseó la poesía en un avión sin ala.

Pero cerró sus ojos, abriéndolo a la muerte,
gritándole a la parca -no tengo mala suerte-

*Yo sé que el Hombre es un rumbo que se instala".

De **Palabras que ya he dicho** (Inédito)

CUBANÍA

*1.- En sublimes despedidas
allá quedaron memorias,
fantasmas, tantas historias
que fueron tan bienvenidas.
-Allá se abrieron heridas
hoy mis dulces cicatrices-
Bebí en las copas felices
el amor de mi jornada.
En cada nueva alborada
siento renacer raíces...*

*2._ Dejé una palma real,
el holgorio de un sinsonte,
el ejemplo de Agramonte
en aquel parque central.
Pero traje en el panal
del pecho, toda la miel
de mi isla; traje el cincel,
conque tallé la bandera
tricolor. La guayabera,
la tengo bajo mi piel.*

3.- Vino conmigo el abrazo
del pétalo maternal
y su mirada total
guiándome cada paso.
Dejé el azul de aquel lazo
enamorando mi infancia,
pero traje de mi estancia,
convertida en mariposa,
blanca flor que me retoza
con su cubana fragancia.

4._ Dejé libros bien cuidados,
recuerdos y, en un baúl
dejé, cierta noche azul
unos versos olvidados.
Dejé mis juegos de dados,
el temblor de un colibrí,
unos labios de alelí,
que me bebí en todo el viaje,
pero entre mis venas traje,
versos de José Martí.

De Poesía en sepia. (Inédito)

IRAIDA VILLAR

IRAIDA VILLAR
BIOGRAFÍA

Iraida Villar nació en Ciudad de la Habana, Cuba, en 1951. Graduada de Licenciatura en Educación en Lengua Inglesa en el Instituto de lenguas Extranjeras de la Habana. En Cuba trabajó por 21 años como profesora de inglés en el Instituto Preuniversitario de la Víbora y en la Facultad de Medicina Miguel Enríquez.

Nacionalizada Americana, radica en Louisville, Kentucky, Estados Unidos donde obtuvo su Maestría en Arte en la Universidad de Louisville, además obtuvo Rango 1 en Educación y trabajó en la escuela Frederick Law Olmsted Academy como profesora de inglés como Segunda lengua, hasta su retiro de Educación.

Actualmente participa en el Taller Literario José Martí Capítulo Kentucky donde ha comenzado a incursionar en la poesía.

AÑORADA CUBA

Yo llevo a mi Cuba hermosa,
mi patria,
mi sol, mi mar
dentro de mi corazón.
Yo siento melancolía por su sol y su ardentía,
el sol que siempre ilumina, su amplio cielo
azulado.
Cierro los ojos y sueño con sus elegantes
palmas,
que orgullosas se levantan mirando al cielo
adorado.
Huelo las mariposas, nuestra insigne flor
nacional,
que mi patio perfumaban.
Siento la brisa meliflua silbando sobre mis
mejillas,
cuando a la sombra de un árbol sentada, de
sus frutos saboreaba.
Y si de las playas me acuerdo, su blanca
espuma me abraza,
como si entre sus olas todavía yo bregara
Y para quitar la añoranza que embarga mi
corazón,
escucho la melodía,
de un danzón,
bien sabrosón.

LOS NIÑOS NACEN PARA SER FELICES

"Los niños nacen para ser felices"

Ya lo dijo Martí,
pero no se le cumplió.

Más de dos siglos han pasado,
no han podido ser feliz.
en cada rincón del planeta
hay siempre infelicidad,
¡cuántos niños han sufrido
con tanta desigualdad!

A mí no me da la cuenta,
la cuenta a mí no me da,
¿que nadie pueda hacer nada?
¿que a nadie pueda importar?
¿por qué es que no cambia el mundo,
para la niñez cambiar?

CUBANOS: SIN RENCORES

Que en nuestro viaje
siempre sepamos
sortear las espinas.

No dejemos llenar
nuestro corazón
con rencores.

Que la bondad
sea siempre
la cualidad
que distinga,
esa personalidad
tan maravillosa
que nos caracteriza.

Escritores Seleccionados
Cuba es Poesía

Créditos de Fotografías:
www.todoenimagen.com
www.editorialhispana.com

ANOTACIONES